AF203874

J. Schneider / C. Bernot

Drame au collège

**Pièce en quatre actes
par
Jost Schneider
et Catherine Bernot**

Ernst Klett Sprachen
Stuttgart

J. Schneider / C. Bernot

Drame au collège

Pièce en quatre actes par Jost Schneider et Catherine Bernot

1. Auflage   14 | 2025

Nachfolger von 978-3-12-591450-6
Alle Drucke dieser Auflage sind unverändert und können im
Unterricht nebeneinander verwendet werden. Die letzte Zahl
bezeichnet das Jahr des Druckes.
Das Werk und seine Teile sind urheberrechtlich geschützt.
Jede Nutzung in anderen als den gesetzlich zugelassenen Fällen
bedarf der vorherigen schriftlichen Einwilligung des Verlags.

Redaktion: Sylvie Cloeren
Satz: Satzkasten, Stuttgart
Umschlaggestaltung: Elmar Feuerbach
Umschlagbild: Shutterstock / © Perov Stanislav
Druck und Bindung: Digitaldruck Tebben GmbH, Biessenhofen

Printed in Germany
ISBN 978-3-12-591452-0

Table des matières

Les solutions aux activités sont en ligne (instructions p. 1).

Personnages

M. Morin	un inspecteur de police
Mme Morin	sa femme
Isabelle **Florence**	} les filles de M. et Mme Morin
Nicolas **Marc** **Djawed** **Nadine** **Anne** **Christine** **Pierre** **Pascal**	} des camarades de classe de Florence et Isabelle
M. Rioux	un professeur de biologie
Un agent de police	
Léon	un trafiquant de drogues
M. Lambert	le principal du collège
M. Duval	le père de Nadine

Acte I

Scène 1 : Chez les Morin

M. et Mme Morin sont en train de dîner avec Florence et Isabelle.

5 **M. MORIN :** Alors comment s'est passée la semaine à l'internat, les filles ? Quoi de neuf ?

ISABELLE : Rien d'extraordinaire, mais on s'est quand même bien amusées. Quand 10 je pense à ce pauvre Marc…

Elle se met à rire.

MME MORIN : Mais qu'est-ce qui te prend, pourquoi ris-tu comme ça ?

Isabelle continue à rire.

15 **FLORENCE :** Elle n'a rien, elle pense simplement à ce pauvre Marc qui lui court après. Elle passe son temps à se moquer de lui et à le faire marcher.

MME MORIN : Et pourquoi est-ce que tu te moques 20 de lui comme ça ?

ISABELLE : Je ne sais pas exactement mais il me casse les pieds à me suivre partout. Je ne peux pas faire un pas toute seule, il est toujours là à me regarder… C'est 25 énervant à la fin.

FLORENCE : Mais il faut te dire une chose, maman : il y a une fille de notre classe, Nadine,

---

18 **faire marcher qn** *fam ici:* jdn an der Nase herumführen – 22 **casser les pieds à qn** *fam* jdm auf die Nerven gehen – 25 **C'est énervant !** Das regt mich auf!

	qui est amoureuse de Marc, mais lui, il se fiche d'elle.
ISABELLE :	Et toi tu passes ton temps à regarder Nicolas qui se fiche complètement de toi.
FLORENCE :	Mais de quoi tu te mêles ? Tais-toi donc !
MME MORIN :	Allez, ne vous disputez pas.
M. MORIN :	Ah, ces filles, toujours pareil !
ISABELLE :	Puisque c'est ça, nous ne vous raconterons plus nos histoires de collège… On ne peut rien dire ! *(à son père)* Et toi papa, la semaine s'est bien passée au commissariat ?
M. MORIN :	En ce moment, c'est la délinquance juvénile qui nous préoccupe. Nous avons découvert des jeunes en train de faire un cambriolage, et en plus, ils avaient de l'héroïne sur eux. Ça veut dire que quelqu'un leur en vend… Mais qui ? Impossible de les faire parler, ils disent qu'ils ont trouvé l'héroïne sur un banc dans un jardin public. Tu parles !
ISABELLE :	*(l'air pensif)* C'est drôle, maintenant que tu racontes ça, je me demande… Je me demande si Nadine n'est pas « accro »…
MME MORIN :	Accro, qu'est-ce que c'est que ce nouveau mot ? Qu'est-ce ça peut vouloir dire ?

Ligne 5, 10, 15, 20, 25, 30 (numérotation marginale)

---

2 **Il se fiche d'elle.** *fam* Sie ist ihm ganz egal. – 6 **De quoi tu te mêles ?** Was geht dich das an? – 8 **se disputer** sich streiten – 9 **Toujours pareil !** Immer dasselbe! – 15 **la délinquance juvénile** [delɛ̃kɑ̃s] die Jugendkriminalität – 16 **préoccuper qn** jdn beunruhigen – 18 **un cambriolage** Einbruch(diebstahl) – 24 **Tu parles !** Von wegen! – 25 **l'air pensif** mit nachdenklicher Miene – 28 **être « accro »** an der Nadel hängen, drogensüchtig sein

ISABELLE :	Ça veut dire qu'elle se drogue. Elle a une tête impossible en ce moment, mauvaise mine et tout... et puis j'ai vu des marques rouges à l'intérieur de son bras... Comme celles qu'il y avait sur les photos dans l'article de Paris-Match... Et puis elle a des réactions bizarres... elle pleure tout d'un coup, puis elle se met à rire...
FLORENCE :	Tu exagères, peut-être qu'elle est malheureuse à cause de Marc, c'est sans doute pour ça que...
MME MORIN :	Je ne peux pas croire ça, à cet âge-là et dans l'internat d'un collège, ce n'est pas possible !
M. MORIN :	Oh vous savez... aujourd'hui tout est possible. Écoutez les filles, si vous voyez quelque chose d'anormal au collège, vous me prévenez tout de suite. Dans ce genre de choses, il faut faire vite.
ISABELLE ET FLORENCE :	D'accord, papa, on ouvre l'œil !

---

1 **se droguer** Drogen nehmen – 2 **Elle a une tête impossible.** Sie sieht fürchterlich aus. –
3 **avoir mauvaise mine** schlecht aussehen – 4 **une marque** *ici:* ein Fleck – 4 **à l'intérieur**
auf der Innenseite, innerhalb – 6 **Paris-Match** eine französische Wochenzeitung – 7 **Elle
a des réactions bizarres.** Sie benimmt sich merkwürdig. – 10 **exagérer** übertreiben –
12 **sans doute** sicher(lich) – 19 **prévenir qn** jdn benachrichtigen, jdm Bescheid sagen –
20 **le genre** die Art

Scène 2 : Dans la cour du collège

Au fond, on entend les bruits de la récréation. Sur la scène, Florence, Isabelle, Nadine, Marc et Nicolas se promènent et parlent.

5 **FLORENCE :** Ah, quand je pense à ce contrôle de maths !
(à Nicolas) Dis donc, Nicolas, tu ne pourrais pas m'expliquer un truc que je n'ai pas compris ?

10 **NICOLAS :** D'accord, mais il faut se dépêcher !

MARC : Ce n'est pas la peine, Nicolas, on a encore le temps !

FLORENCE : Tais-toi, idiot !

Florence et Nicolas s'éloignent des autres.

15 **ISABELLE :** Moi aussi, je vais rater ce contrôle. Je n'ai rien pigé au dernier cours de maths.

Marc s'approche d'Isabelle.

MARC : Tu veux que je t'explique le problème,
20 Isabelle ?

Isabelle fait la tête.

ISABELLE : Non, ce n'est pas la peine.

Isabelle jette son cahier.

---

3 **la scène** *ici:* die Bühne – 5 **un contrôle** *ici:* ein Test – 8 **un truc** *fam* eine Sache, etwas – 11 **Ce n'est pas la peine.** Das ist nicht nötig. – 14 **s'éloigner** sich entfernen – 16 **piger** *fam* kapieren – 21 **faire la tête** *fam* schmollen

NADINE :	Moi, je m'en fiche, de ces problèmes de maths ! À quoi est-ce que ça me servira dans la vie ?
ISABELLE :	*(ironique)* Mais tu aimerais bien que Marc te les explique, tes problèmes d'algèbre, hein ?

Nadine s'emporte.

NADINE :	Je m'en fous, je te dis ! J'en ai marre de cette boîte, de vous, de tout !

10 *Nadine se met à pleurer.*

MARC :	Mais qu'est-ce qui te prend, Nadine ?

Il met sa main sur l'épaule de Nadine, mais celle-ci le repousse brusquement.

NADINE :	Laisse-moi !

15 *Nadine se sauve, en pleurs. Marc et Isabelle sont consternés.*

MARC :	Qu'est-ce qu'elle a ? Je n'y comprends rien, moi.
ISABELLE :	Mais tu ne comprends jamais rien, toi !
MARC :	Quoi ?
ISABELLE :	Tu ne vois donc pas qu'elle est amoureuse de toi ?

---

3 **servir à qc** zu etwas nützlich sein – 7 **s'emporter** wütend werden, aufbrausen – 8 **Je m'en fous !** *fam* Ich pfeif' drauf! – 9 **la boîte** *fam ici:* die Penne – 11 **Qu'est-ce qui te prend ?** Was ist mit dir los? – 13 **brusquement** heftig – 15 **se sauver** *ici:* davonlaufen – 16 **consterné, consternée** bestürzt – 17 **Je n'y comprends rien.** Ich verstehe gar nichts mehr.

MARC :	Mais écoute, Isabelle, tu sais bien que moi, je te préfère à Nadine.
ISABELLE :	Je t'ai déjà dit que je t'aime bien, mais tu n'es pas mon genre.
5 MARC :	Mais peut-être que tu ne me connais pas encore assez bien...
ISABELLE :	Ah, laisse tomber...
MARC :	Isabelle...
ISABELLE :	Tu ferais mieux de t'occuper de Nadine ! Elle a peut-être besoin de toi.
MARC :	Qu'est-ce que tu veux dire par là ?
ISABELLE :	Je me demande si elle ne se drogue pas.
15 MARC :	*(ahuri)* Tu le crois vraiment ?
ISABELLE :	Oui, elle est de plus en plus bizarre depuis quelque temps. Et elle a mauvaise mine, tu ne trouves pas ?

Marc réfléchit.

20 MARC :	C'est vrai, elle a changé ces temps-ci... Mais alors, qui est-ce qui lui file de la drogue ?
ISABELLE :	Je suis sûre que c'est un copain de l'internat.
25 MARC :	Tu t'imagines ? Un trafiquant de drogue dans l'internat !
ISABELLE :	Ils sont partout aujourd'hui, ces trafiquants !
MARC :	Mais alors, il faut le démasquer, ce sale type !
30	

---

4 **Tu n'es pas mon genre.** *fam* Du bist nicht mein Typ. – 7 **Laisse tomber !** *fam* Gib's auf! – 15 **ahuri, ahurie** [ayri] verblüfft – 21 **filer qc à qn** jdm etw geben – 25 **s'imaginer qc sich** etw vorstellen – 25 **un trafiquant** ein Dealer – 29 **démasquer** entlarven – 30 **un sale type** [tip] *fam* ein mieser Typ

ISABELLE :	Moi, je ne vais pas me mêler de ça. Ils sont dangereux, ces types-là. Si tu les gênes, ils vont se venger.
MARC :	Alors, tu ne veux rien faire pour aider Nadine ?
ISABELLE :	Ce n'est pas mon affaire. Tout ce qu'on peut faire, c'est prévenir le directeur.
MARC :	Penses-tu ! Si on prévient le directeur, Nadine va être renvoyée.
ISABELLE :	Mais c'est de sa faute !
MARC :	Dis donc, tu es vraiment cool, toi !
ISABELLE :	Mais oui !

On entend la sonnerie qui annonce la fin de la récréation.

ISABELLE :	Ça y est, on y va, au contrôle de maths !

---

1 se mêler de qc sich in etw einmischen – **3 gêner qn** jdn stören, jdm lästig werden – **3 se venger** sich rächen – **9 renvoyer qn** *ici:* jdn (von der Schule) verweisen – **10 C'est (de) sa faute !** Das ist seine/ihre Schuld!

Scène 3 : Près du collège

Florence, Marc et Nicolas se retrouvent après le contrôle de mathématiques.

FLORENCE :	Ah, j'en ai marre ! J'ai tout raté.
5 NICOLAS :	Et alors, c'est ma faute ?
FLORENCE :	Non, mais si ça continue, je vais être obligée de redoubler.
NICOLAS :	Mais, tu as de bonnes notes dans les autres matières. Ne t'en fais pas !

10 *Florence fait la moue.*

FLORENCE :	De toute façon, je constate que tu n'as pas tellement envie de m'aider.

Nicolas se fâche.

NICOLAS :	Et voilà, c'est ma faute !
15 MARC :	Arrêtez de vous disputer ! Vous êtes ridicules ! Il y a des problèmes qui sont bien plus graves qu'un contrôle raté.
FLORENCE :	Quoi donc, par exemple ?
20 MARC :	Je crois que Nadine se drogue…
FLORENCE :	Tu plaisantes !
MARC :	Non, malheureusement…
NICOLAS :	Est-ce que tu l'as prise en flagrant délit ?
25 MARC :	Non, pas exactement.
NICOLAS :	Alors, comment est-ce que tu le sais ?
MARC :	C'est Isabelle qui me l'a dit.

---

7 **être obligé de faire qc** etw tun müssen – 7 **redoubler** sitzenbleiben – 9 **Ne t'en fais pas !** *fam* Mach' dir nichts draus! – 11 **de toute façon** jedenfalls – 13 **se fâcher** sich ärgern, sich aufregen – 16 **ridicule** lächerlich – 21 **plaisanter** scherzen, Witze machen – 23 **prendre qn en flagrant délit** jdn auf frischer Tat ertappen

Nicolas rit.

NICOLAS : Isabelle ! Elle raconte n'importe quoi pour se moquer des autres. Ce n'est pas sérieux.

5 **FLORENCE :** Je trouve quand même que Nadine a mauvaise mine depuis quelque temps.

NICOLAS : C'est parce que Marc ne s'intéresse pas à elle, mais à Isabelle.

10 *Marc se fâche.*

MARC : Ça alors ! Qu'est-ce que ça peut te faire ?

NICOLAS : Moi, ça ne me regarde pas. Mais écoutez, je vais parler à Nadine. Si
15 c'est vrai qu'elle se drogue, elle me le dira. Je crois qu'elle a confiance en moi.

FLORENCE : D'accord.

Nicolas s'en va.

20 **MARC :** Tu penses que Nadine a plus confiance en Nicolas qu'en nous ?

FLORENCE : Je n'en sais rien, moi.

MARC : On va parler à Nadine après le déjeuner.

25 **FLORENCE :** D'accord.

Florence et Marc se séparent.

---

2 **n'importe quoi** alles mögliche – 11 **Qu'est-ce que ça peut te faire ?** Was geht dich das an? – 13 **Ça ne me regarde pas.** Das geht mich nichts an. – 16 **la confiance** Vertrauen

Scène 4 : Dans la chambre de Nadine, au collège

Nadine est seule dans sa chambre. Elle est assise sur son lit ; elle a l'air sombre.

5 **NADINE :** Sale type ! Salaud !

On frappe à la porte. Nadine sursaute.

NADINE : Qui est-ce ?

On entend la voix de Florence.

LA VOIX
10 **DE FLORENCE :** C'est moi et Marc ! On veut te parler. Laisse-nous entrer !

Nadine va ouvrir la porte qu'elle avait fermée à clé. Florence et Marc entrent dans sa chambre.

FLORENCE : Tu te sens mal, Nadine ?
15 **NADINE :** *(de très mauvaise humeur)* Oui, je ne me sens pas bien. Qu'est-ce que vous voulez ?

Elle se couche sur son lit. Florence et Marc s'assoient à côté d'elle.

20 **MARC :** Écoute, Nadine ! Tu sais ce qu'Isabelle nous a raconté ? Nicolas te l'a déjà dit ?
NADINE : Ouais, et je m'en fous complètement ! Si vous saviez…
25 **FLORENCE :** Alors, c'est vrai, Nadine ?

---

4 **avoir l'air** *m* aussehen – 5 **un salaud** *fam* ein Schuft, ein Schwein – 6 **sursauter** aufspringen, aufschrecken

Nadine rit, mais d'un rire forcé.

NADINE : Mais vous ne vous rendez pas compte qu'Isabelle dit n'importe quoi pour embêter les autres.

5 **FLORENCE :** Alors, heureusement, ce n'est pas vrai que tu te drogues ?

NADINE : Mais, qu'est-ce que tu crois ? Je ne suis pas dingue, quand même !

MARC : Tu nous dis la vérité ?

10 **NADINE :** Mais oui !

Nadine s'emporte.

NADINE : Mais qu'est-ce que vous me voulez ? Foutez-moi la paix !

FLORENCE : Ne t'affole pas ! Écoute : si c'était vrai que tu te drogues, on voudrait bien t'aider… C'est tout !

15

Nadine se retourne sur son lit et se met à pleurer.

FLORENCE : Mais qu'est-ce qu'il y a Nadine ?

Nadine sanglote, puis elle se retourne et crie :

20 **NADINE :** Vous m'embêtez avec vos questions ! Laissez- moi donc ! Fichez le camp !

Elle se retourne et continue à pleurer. Florence et Marc se jettent un regard perplexe et sortent.

---

1 **un rire forcé** ein gezwungenes Lachen – 2 **se rendre compte de qc** sich etw klarmachen – 8 **dingue** *fam* verrückt – 9 **la vérité** die Wahrheit – 13 **Foutez-moi la paix !** *fam* Laßt mich in Ruhe! – 14 **s'affoler** sich aufregen – 19 **sangloter** schluchzen – 21 **Fichez le camp !** *fam* Haut ab! – 23 **perplexe** verlegen, ratlos

Scène 5 : À l'extérieur du collège, dans un café

Florence et Marc sont en train de réfléchir.

MARC : Elle ne nous a sûrement pas dit la vérité.
FLORENCE : Tu crois ?
MARC : J'en suis sûr. C'est ce qui explique son comportement bizarre. Elle ne veut pas nous dire qu'elle se drogue parce qu'elle a honte.
FLORENCE : Ou bien parce que le mec qui lui vend la drogue l'a menacée et qu'elle a peur de lui.
MARC : Alors, il faut démasquer ce sale type !

Nicolas arrive.

NICOLAS : Qu'est-ce que vous complotez là ?
MARC : Écoute, Nicolas, nous sommes sûrs que Nadine se drogue. Tu lui as parlé ?
NICOLAS : Oui, mais elle ne m'a rien dit.
FLORENCE : C'est évident. Elle ment parce qu'elle a sans doute peur de ce mec qui lui vend la drogue.
MARC : Mais qui est-ce ? Un copain de l'internat ?

Nicolas réfléchit un peu.

---

1 **à l'extérieur de** außerhalb – 8 **le comportement** Verhalten – 10 **avoir honte** sich schämen – 11 **le mec** *fam* der Kerl; der Typ – 12 **menacer qn** jdn bedrohen – 16 **comploter** sich verschwören, ein Komplott schmieden

NICOLAS :	Attendez ! Qu'est-ce que vous pensez de Djawed ?
MARC :	Djawed ?
NICOLAS :	Oui, je suis sûr que son père est un trafiquant. Ils sont tous plus ou moins impliqués dans le trafic de drogue, ces maghrébins…
FLORENCE :	Mais ce n'est pas possible, tu ne peux le soupçonner simplement parce qu'il est maghrébin. Tu exagères !
NICOLAS :	Il faut bien commencer par soupçonner quelqu'un. En tout cas, il faut l'observer.
FLORENCE :	Mais alors, il faut observer tout le monde.
MARC :	Non, ça ne nous avance pas. J'ai une autre idée. Nous allons demander au prof de sciences nat de nous parler des dangers de la drogue au cours de sciences naturelles.
NICOLAS :	À quoi est-ce que ça servira ?
MARC :	À provoquer des réactions. Après, on verra !
NICOLAS :	Ce n'est pas une idée géniale, à mon avis.
FLORENCE :	Si, c'est une bonne idée. Venez ! On va parler au prof de sciences nat.
NICOLAS :	Mais ne parlons pas de Nadine !
MARC :	Bien sûr !

Ils se séparent.

6 **être impliqué dans qc** in etw verwickelt sein – 7 **un maghrébin** [magrebɛ̃] ein Einwanderer aus Marokko, Algerien oder Tunesien (le Maghreb) – 9 **soupçonner** verdächtigen – 11 **commencer par faire qc** damit anfangen, etw zu tun – 12 **en tout cas** jedenfalls, auf alle Fälle – 14 **observer** beobachten – 16 **Ça ne nous avance pas.** Das bringt uns nicht weiter. – 18 **le prof de sciences nat(urelles)** [sjãsnat] Biologielehrer – 22 **provoquer** herausfordern, hervorrufen – 24 **une idée géniale** eine tolle Idee – 30 **se séparer** sich trennen, auseinandergehen

Acte II

Scène 1 : Chez les Morin

Une semaine plus tard, M. et Mme Morin, Florence et Isabelle sont en train de dîner.

5 **Mme Morin :** Ça va les filles, quoi de neuf ?
Florence : Oh, ça peut aller… rien de sensationnel…
Mme Morin : Vous avez eu un contrôle ?

Isabelle rit.

10 **Isabelle :** Ah oui, un contrôle de maths.
Florence : Ne me parle pas de ce contrôle de maths ! C'était la catastrophe !
Mme Morin : Mais pourquoi ? Est-ce que vous ne faites pas attention pendant les
15 cours ?
M. Morin : Tout ce qu'elles ont en tête, ces filles, c'est les garçons. Voilà le problème !
Isabelle : Écoute, papa, il y a d'autres problèmes, au collège par exemple, Nadine…

20 *Florence lui fait signe de se taire.*

Mme Morin : Ah oui, tu penses qu'elle se drogue.
Isabelle : Mais non, mais non…
Florence : Elle est amoureuse de Marc qui se fiche complètement d'elle. C'est ça,
25 son problème.
Isabelle : Oui, elle n'a pas de pot, la pauvre !

---

6 **Ça peut aller.** *fam* Es geht so. – 26 **avoir du pot** *fam* Schwein haben

M. Morin :	Mais ça va passer…
Florence :	Tu crois ?
Mme Morin :	*(pensive)* Moi aussi, j'étais amoureuse d'un garçon à cet âge-là.
5 **M. Morin :**	Ah bon ! Mais ce n'était pas de moi ?
Mme Morin :	Non, tu as raison…

Mme Morin rit.

Florence :	Pour changer de sujet, je voudrais te poser une question, papa.
10 **M. Morin :**	Oui, Florence. Qu'est-ce que tu veux savoir ?
Florence :	La semaine passée, tu nous avais parlé de toxicomanes qui font des cambriolages pour pouvoir s'acheter
15	de la drogue.
M. Morin :	Oui. Et alors ?
Florence :	Pourquoi est-ce que vous n'arrivez donc pas à arrêter les revendeurs ?
M. Morin :	Tu parles ! Ce n'est pas si facile que
20	ça. On les connaît plus ou moins, les trafiquants. Mais pour les arrêter, il faut avoir des preuves. C'est ça, le problème ! Ils sont habiles, ces gangsters ! Par exemple, cet
25	honorable M. Raymond qui possède plusieurs restaurants et une boîte de nuit dans la ville. Eh bien, il est tout à fait évident qu'il fait du trafic de drogue dans ses établissements
30	et même dans un café où les jeunes se retrouvent. Nous avons beaucoup

---

6 **avoir raison** Recht haben – 8 **changer de sujet** das Thema wechseln – 13 **un toxicomane** [tɔksikɔman] Drogenabhängiger – 18 **un revendeur** *ici:* Dealer – 22 **une preuve** Beweis – 23 **habile** geschickt, gerissen – 25 **honorable** ehrenwert, ehrbar – 25 **posséder** besitzen – 26 **une boîte de nuit** Nachtlokal – 28 **le trafic de drogue** Drogenhandel – 29 **un établissement** *ici:* ein Lokal

	d'informations à son sujet et nous supposons même que c'est lui qui tire les ficelles dans toute la région. Mais jusqu'ici, on n'a pas réussi à trouver la moindre preuve contre lui.
FLORENCE :	C'est quand même révoltant !
M. MORIN :	Oui, c'est à désespérer ! Mais écoutez, vous me mettez au courant si vous entendez parler de drogue au collège !
FLORENCE :	Bien sûr, papa !

1 **à son sujet** über ihn – 3 **tirer les ficelles** die Fäden in der Hand halten, der Drahtzieher sein – 5 **le/la moindre** der/die geringste – 6 **révoltant, révoltante** empörend – 7 **désespérer** verzweifeln – 8 **mettre qn au courant** jdm Bescheid sagen

Scène 2 : Dans une salle de classe

Au cours de sciences naturelles de M. Rioux. Florence,
Isabelle, Marc, Nicolas et d'autres élèves, parmi
lesquels se trouve un jeune maghrébin, écoutent leur
5 *professeur.*

M. RIOUX :   Nadine est absente aujourd'hui ?
FLORENCE :   Elle m'a demandé de l'excuser,
                    monsieur. Elle ne se sent pas bien
                    aujourd'hui, elle est restée dans sa
10   chambre.
M. RIOUX :   *(un peu sarcastique)* Nadine ne se
                    sent pas bien ! Tiens, tiens !

M. Rioux prend des notes.

M. RIOUX :   Bon, alors ! Vous m'avez demandé
15   de vous parler du problème de la
                    drogue. Un sujet d'actualité en effet !
                    Mais avant de vous expliquer les
                    effets des stupéfiants, je vais parler
                    avec vous des problèmes sociaux et
20   psychologiques qui mènent à l'usage
                    de la drogue. Pourquoi y a-t-il un
                    nombre croissant de drogués dans
                    notre société et – ce qui est encore
                    plus grave – pourquoi ces drogués
25   sont-ils de plus en plus jeunes ?

Pierre lève la main.

---

3 **parmi lesquels** unter denen – 6 **être absent** nicht da sein, fehlen – 11 **sarcastique**
spöttisch, bissig – 12 **Tiens, tiens !** *fam* So, so! – 13 **prendre des notes** sich Notizen
machen – 16 **un sujet d'actualité** aktuelles Thema – 18 **un effet** Wirkung – 18 **le stupéfiant**
Rauschgift – 20 **mener** führen – 20 **l'usage** *m ici:* der Genuß – 22 **croissant, croissante**
wachsend, zunehmend – 22 **le drogué** der Drogensüchtige – 23 **la société** Gesellschaft –
25 **de plus en plus jeune** immer jünger

M. Rioux :	Oui, Pierre !
Pierre :	Je crois que pour beaucoup de jeunes, c'est une sorte de jeu, une aventure quoi. Ils ne pensent pas aux risques.
5 **M. Rioux :**	Ah oui ! Mais il y a certainement d'autres raisons.

Anne lève la main.

M. Rioux :	Oui, Anne !
Anne :	Je pense qu'on se drogue parce qu'on
10	a le cafard, qu'on se sent mal… Je ne sais pas, moi…
M. Rioux :	Et pourquoi est-ce qu'on a le cafard ?
Anne :	Parce qu'on s'ennuie à l'école, à la maison. On ne sait pas quoi faire…

15 *Les autres élèves rient.*

M. Rioux :	Mais écoutez, autrefois, on s'ennuyait bien aussi en classe, et pourtant, on ne se droguait pas…
Pascal :	C'est que nous sommes la bof
20	génération !

Les autres élèves rient.

M. Rioux :	Ah bon ! C'est-à-dire que vous vous fichez de tout ! Mais c'est trop facile ! Anne vient de dire qu'on se drogue
25	parce qu'on se sent mal dans la peau. Pourquoi, par exemple ?

---

3 **une aventure** Abenteuer – 4 **un risque** Gefahr, Risiko – 5 **certainement** sicher(lich) –
10 **avoir le cafard** *fam* deprimiert sein – 19 **la bof génération** [bɔf] Null-Bock-Generation –
23 **Vous vous fichez de tout.** *fam* Euch ist alles egal. – 25 **se sentir mal dans sa peau** sich
unwohl in seiner Haut fühlen

Pierre lève la main.

M. RIOUX :   Oui, Pierre !

PIERRE :   Parce qu'on sait qu'on se retrouvera peut-être au chômage si on n'a pas de bonnes notes. On est découragé... On a peur... peut-être de l'avenir, on a envie de rien...

M. RIOUX :   Oui, mais dans ce cas-là, on pourrait s'efforcer d'avoir de meilleures notes.

Christine lève la main.

M. RIOUX :   Oui, Christine !

CHRISTINE :   Certains se droguent parce que leurs parents ont divorcé et qu'ils se sentent seuls.

Florence chuchote quelque chose à l'oreille de Marc.

M. RIOUX :   Qu'est-ce que tu chuchotes, Florence ?

FLORENCE :   Oh, ce n'est rien, monsieur.

M. RIOUX :   *(sévère)* Alors tais-toi ! Eh bien, vous avez indiqué plusieurs raisons de se droguer. Mais quand même, il y a beaucoup de jeunes qui sont au chômage ou dont les parents ont divorcé et qui ne se réfugient pas dans la drogue.

---

5 **être découragé** entmutigt sein, den Mut verlieren – 9 **s'efforcer de faire qc** sich bemühen, etw zu tun – 9 **meilleur, meilleure** besser – 15 **chuchoter** flüstern – 20 **indiquer** angeben – 24 **se réfugier** (sich) flüchten, Zuflucht suchen

Isabelle lève la main.

M. Rioux :	Oui, Isabelle !
Isabelle :	Je crois qu'au fond, c'est une question de caractère, de force de caractère.
5 **M. Rioux :**	Tu veux dire que ce sont les caractères faibles et déséquilibrés qui ne peuvent pas résister à la tentation.
Isabelle :	Oui, je crois.

Florence lève la main.

10 **M. Rioux :**	Florence, qu'est-ce que tu en penses ?
Florence :	Je ne suis pas de cet avis. Personnellement, je crois que je serais tentée par la drogue, si je n'avais pas
15	d'amis et si j'avais peur d'être seule.
M. Rioux :	Voici une remarque intéressante ! Qu'est-ce que les autres en pensent ?

Marc lève la main.

M. Rioux :	Oui, Marc !
20 **Marc :**	À mon avis, nous ne voyons pas le vrai problème. Ce ne sont pas les drogués qui sont responsables, mais ceux qui leur vendent la drogue...

Nicolas interrompt Marc.

25 **Nicolas :**	Oui, tous ces maghrébins...

---

6 **déséquilibré, déséquilibrée** [dezekilibre] unausgeglichen, labil – 7 **la tentation** Versuchung – 14 **être tenté** in Versuchung sein – 16 **une remarque** Bemerkung

Djawed, l'élève maghrébin, se précipite sur Nicolas en criant.

DJAWED :	Tais-toi, salaud ! Tais-toi ! Tu n'as pas le droit de dire ça parce que nous sommes maghrébins. Ce sont des mensonges !

Djawed commence à se battre avec Nicolas. Dans le brouhaha général, M. Rioux essaie en vain de séparer les combattants et de rétablir le calme.

M. RIOUX :	Arrêtez ! Chacun à sa place ! Silence ! Calmez- vous donc ! Nicolas, réfléchis à ce que tu dis avant de parler ! Alors vous voyez, nous avons déjà trouvé beaucoup d'explications au phénomène de la drogue...

---

1 **se précipiter sur qn** sich auf jdn stürzen – 6 **le mensonge** Lüge – 7 **se battre** sich schlagen, miteinander kämpfen – 8 **le brouhaha** [ləbruaa] (wirre) Lärm, Getöse – 8 **en vain** vergeblich – 9 **le combattant** der Kämpfende – 9 **rétablir** wiederherstellen – 10 **chacun, chacune** jede(r)

Scène 3 : Dans la cour du collège

Bruits de récréation. Sur la scène, Marc est en train de lire une lettre à Florence, Isabelle et Nicolas.

MARC :

« UN BON CONSEIL ! TU T'INTÉRESSES BEAUCOUP TROP À DES CHOSES QUI NE TE REGARDENT PAS. SI TU CONTINUES, TU LE REGRETTERAS. ARRÊTE DONC DE VOULOIR JOUER AU DÉTECTIVE. ÇA FINIRA MAL POUR TOI ! UN AMI QUI TE VEUT DU BIEN ».

Salaud ! Il pense qu'il va pouvoir m'intimider !

FLORENCE : Mais, qui a bien pu écrire ça ?

ISABELLE : On ne peut pas reconnaître l'écriture ?

MARC : Mais non, on a découpé les lettres dans un journal. Regardez !

Il montre la lettre aux autres.

NICOLAS : Ça alors !

FLORENCE : Qu'est-ce qu'on fait ?

MARC : On attend. Je suis sûr que ce salaud fera une faute qui le trahira.

ISABELLE : Penses-tu ! Ils sont extrêmement habiles et prudents, ces gens-là. À ta place, je prendrais cette lettre au sérieux.

---

12 **vouloir du bien à qn** jdm wohlgesinnt sein – 14 **intimider** einschüchtern – 17 **une écriture** Schrift – 18 **découper** ausschneiden – 24 **trahir** [trair] verraten – 26 **prudent, prudente** vorsichtig

Marc :	Tu crois qu'il me fait peur, tu te trompes !
Isabelle :	Il faut montrer cette lettre au directeur.
5 **Marc :**	Tu me fais rire, Isabelle ! Qu'est-ce qu'il peut faire, le directeur ?
Isabelle :	Mais écoute, Marc, on a peut-être affaire à des gens dangereux, tu te rends compte ?
10 **Florence :**	Ah oui, tu te rappelles ? Papa nous a parlé de ce M. Raymond.
Nicolas :	M. Raymond ?
Florence :	Oui, il paraît qu'il tire les ficelles dans toute la région...
15 **Isabelle :**	C'est ce que la police croit !
Nicolas :	Ah oui ! Et il est encore en liberté ?
Florence :	Oui, on n'a pas de preuves contre lui.
Nicolas :	Et vous pensez que c'est lui le grand patron ?
20 **Marc :**	C'est possible. C'est même probable puisqu'il contrôle le trafic de toute la région.
Nicolas :	Je ne crois pas. Il y a tellement de trafiquants, vous savez !
25 **Florence :**	*(ironique)* Mais ce ne sont pas forcément des maghrébins.
Nicolas :	Il y en a beaucoup quand même, et je trouve que la réaction de Djawed en classe a été très violente… Trop
30	violente…

---

2 **se tromper** sich täuschen, sich irren – 8 **avoir affaire à qn** mit jdm zu tun haben – 10 **se rappeler qc** sich an etw erinnern – 19 **le patron** Chef – 20 **probable** wahrscheinlich – 23 **tellement de** *fam* so viele – 26 **forcément** gezwungenermaßen, unbedingt – 29 **violent, violente** heftig, gewaltsam

Florence se met en colère.

FLORENCE :	Mais dis donc, Nicolas ! Comment est-ce que tu réagirais si on t'accusait à tort ? Tu es vraiment dégueulasse !

5   *Nicolas hausse les épaules.*

NICOLAS :	Ça, c'est ton avis. Mais, je m'en fous, tu sais !
FLORENCE :	*(vexée)* Tant pis !

Elle s'en va. On entend la sonnerie qui signale la fin
10   *de la récréation.*

MARC :	Déjà ! Qu'est-ce qu'on a comme cours maintenant ?
ISABELLE :	*(de mauvaise humeur)* Maths !
MARC :	Tu veux que je t'explique le devoir
15	qu'il fallait faire pour aujourd'hui ?
ISABELLE :	Non merci, je vais me débrouiller !

---

3 **accuser** anklagen, beschuldigen – 4 **le tort** Unrecht – 4 **dégueulasse** *fam* [degœlas] ekelhaft – 5 **hausser les épaules** mit den Achseln zucken – 8 **vexé, vexée** verärgert, beleidigt

Scène 4 : Dans une chambre de l'internat du collège

Marc, Pascal et Pierre dorment. Tout à coup, Marc se réveille avec un cri qui réveille aussi les autres.

5 PASCAL :   Qu'est-ce qu'il y a, Marc ?
   PIERRE :   Dis donc, tu m'as fait peur !
   MARC :   J'ai rêvé.
   PASCAL :   Tu as sûrement eu un cauchemar !
   PIERRE :   Alors, raconte-nous ton rêve ! De toute
10   façon, je ne peux pas me rendormir
               maintenant.
   PASCAL :   Oui, vas-y ! Raconte !

Marc s'assied sur son lit.

   MARC :   J'ai rêvé que j'étais dans la montagne
15   avec Nadine et Nicolas. On s'est
               perdus et il n'y avait plus de sentier…
               Alors, on est descendu tout droit
               à travers les buissons. Mais tout à
               coup, Nadine a crié. J'ai couru vers
20   elle et alors, j'ai vu un gros serpent
               filer dans les broussailles. À ce
               moment-là, Nadine a perdu la tête
               et s'est mise à courir. Je lui ai couru
               après et l'ai rattrapée. Mais, Nadine a
25   de nouveau crié. Elle était morte de
               peur et regardait fixement quelque
               chose. Et alors, le serpent a grandi et
               s'est transformé en un corps humain,
               et tout à coup, j'ai vu Nicolas devant

---

8 **un cauchemar** Alptraum – 10 **se rendormir** wieder einschlafen – 18 **un buisson** Gebüsch – 26 **fixement** starr – 27 **grandir** größer werden, wachsen – 28 **se transformer** sich verwandeln – 28 **humain, humaine** menschlich

	moi, avec des yeux étincelants de serpent… Il allait se précipiter sur Nadine… À ce moment-là, j'ai crié et je me suis réveillé.
5 **PASCAL :**	La pauvre Nadine !
PIERRE :	J'imagine que Nicolas n'apprécierait pas tellement ce rôle de serpent…

Pascal bâille.

PASCAL :	Bof, ce n'était qu'un rêve !
10 **MARC :**	*(pensif)* Oui, mais il me donne à réfléchir, ce rêve !

---

1 **étincelant, étincelante** funkelnd – 6 **apprécier** schätzen

Scène 5 : Dans la chambre de Nicolas

Marc est en train de fouiller dans l'armoire de Nicolas. Il y trouve un agenda et le feuillette. Nicolas entre.

5 **NICOLAS :** *(stupéfait)* Qu'est-ce que tu cherches dans mon armoire, Marc ?

Marc lui montre l'agenda.

MARC : Regarde ce que j'ai trouvé !
NICOLAS : *(furieux)* Rends-moi mon agenda !

10 *Il se précipite sur Marc, mais celui-ci l'évite.*

MARC : Tiens ! Tu connais M. Raymond… J'ai trouvé son nom !

Nicolas essaie d'attraper Marc qui l'évite habilement.

15 **NICOLAS :** Rends-moi cet agenda, salaud !
MARC : C'est donc toi, le salopard qui vend de la drogue à Nadine et qui a écrit la lettre de menaces ! Tu n'as pas honte ?

20 *Ils en viennent aux mains et Marc maîtrise Nicolas.*

MARC : Pourquoi est-ce que tu as fait ça, hein ? Raconte !

---

2 **fouiller dans qc** in etw (herum)wühlen, (herum)stöbern – 3 **un agenda** (Taschen)Kalender – 3 **feuilleter** durchblättern – 5 **stupéfait, stupéfaite** verblüfft, bestürzt – 9 **furieux, furieuse** wütend, außer sich – 13 **éviter qn** jdn (ver)meiden, jdm ausweichen – 16 **un salopard** *fam* [salɔpar] Schuft, Schwein – 20 **en venir aux mains** handgreiflich/handgemein werden – 20 **maîtriser qn** jdn beherrschen, bezwingen

NICOLAS :	*(paniqué)* Ce sont eux qui me menacent et qui m'obligent à vendre de la drogue… Si je refuse de le faire, ils me le feront payer.
5 MARC :	Mais qui est-ce qui t'a obligé à faire ça, ce sale boulot ?
NICOLAS :	Tu sais que mes parents ont divorcé et se sont remariés. Ils ne s'occupent presque plus de moi… Et avant de
10	venir à l'internat, j'ai beaucoup traîné dans les bistrots de la ville. Alors, un jour, un mec m'a proposé de me faire un peu de fric… Comme j'avais besoin d'argent de poche…

15 *Marc est furieux.*

MARC :	C'est pour ça que tu l'as fait, pour avoir plus de fric ? Tu es dégueulasse…
NICOLAS :	Mais écoute Marc, mes parents ne me donnent pas assez d'argent de poche,
20	et une fois que tu as commencé, on ne te lâche plus ! Tu es pris au piège.

Nicolas est désespéré. Marc commence à avoir pitié de Nicolas. Il réfléchit.

MARC :	Dis donc ! Le type qui t'a recruté dans
25	ce bistrot, c'était M. Raymond ?
NICOLAS :	Penses-tu ! M. Raymond est le grand patron, je ne l'ai jamais vu. Je ne devrais même pas connaître son

1 **paniqué, paniquée** in Panik, durchgedreht – 4 **payer** *ici:* büßen – 6 **sale** schmutzig, dreckig – 6 **un boulot** [bulo] *fam* Arbeit – 8 **se remarier** wieder heiraten – 10 **traîner** *ici:* herumlungern – 21 **lâcher qn** jdn loslassen – 21 **être pris au piège** in der Falle sitzen – 22 **avoir pitié de qn** mit jdm Mitleid haben – 24 **recruter qn** *ici:* jdn (an)werben

	nom, et c'est tout à fait par hasard que je l'ai appris.
MARC :	Mais pourquoi est-ce que tu as noté son nom ?
NICOLAS :	Je me suis dit que s'il m'arrivait quelque chose, ce serait peut-être une preuve contre cet honorable M. Raymond.

Marc lâche Nicolas.

MARC :	Écoute, Nicolas, il faut agir tout de suite pour faire arrêter ce bandit.
NICOLAS :	Tu me demandes de témoigner contre eux ? Si je fais ça, je suis fichu, ils me casseront la figure...
MARC :	Il n'y a pas d'autre moyen.
NICOLAS :	Tu parles ! C'est pas ta vie que tu mets en jeu.
MARC :	Tous les copains du collège vont te protéger.
NICOLAS :	*(sceptique)* Tu crois… Alors, qu'est-ce qu'on fait ?
MARC :	Je vais parler à Florence. Son père est commissaire de police.
NICOLAS :	*(résigné)* D'accord, je n'ai pas le choix.

---

1 **par hasard** durch Zufall, zufällig – 12 **témoigner** (als Zeuge vor Gericht) aussagen – 13 **être fichu** erledigt sein – 14 **casser la figure à qn** *fam* jdn zusammenschlagen – 16 **mettre en jeu** aufs Spiel setzen – 19 **protéger** (be)schützen

Scène 6 : Dans la chambre de Nadine

Nadine est assise sur son lit. Elle a la tête appuyée sur les mains. On frappe et on entend la voix de Florence.

5 **LA VOIX**
    DE FLORENCE : Écoute, Nadine ! On sait tout. Nicolas a tout raconté à Marc. Ouvre la porte !

Nadine court à la porte et fait entrer Florence et 10 *Marc.*

NADINE :   C'est vrai ? Nicolas t'a tout raconté ?
MARC :   Oui.
NADINE :   Alors, qu'est-ce que vous allez faire ?
MARC :   Nicolas veut témoigner contre les
15   trafiquants de drogue.
NADINE :   Il est fou ou quoi ?
FLORENCE :   Il n'est pas fou. Je dirai qu'il est quand même courageux après toutes les conneries qu'il a faites.

20 *Nadine se met à pleurer.*

NADINE :   Mais alors, on va être renvoyés du collège, Nicolas et moi.
MARC :   Mais non, tu ne seras pas renvoyée, Nadine. C'est la faute de Nicolas tout
25   ça.
NADINE :   Si, je vais être renvoyée, puisque je me suis droguée.

---

2 **appuyer** stützen – 18 **courageux, courageuse** mutig – 19 **une connerie** *fam* Dummheit

MARC :	Écoute, Nadine, ne t'en fais pas. Tous les copains vont te défendre.
FLORENCE :	Mon père aussi va intervenir en ta faveur. J'en suis sûre.
5 **NADINE :**	Mais il est commissaire de police, ton père.
MARC :	Justement ! Il poursuit les criminels mais pas les victimes. Je t'assure, Nadine, si tu es renvoyée, je pars avec toi.
10	
NADINE :	*(surprise)* Tu blagues ! Et Isabelle ?
MARC :	Oh tu sais, Isabelle peut faire ce qu'elle veut, je me fiche d'elle maintenant.
FLORENCE :	Tiens, c'est nouveau, ça !
15 **MARC :**	Je trouve qu'Isabelle a été assez moche dans toute cette affaire. Elle n'a pas voulu t'aider. Tu te rends compte, Nadine ?
NADINE :	Ah oui, Isabelle ne fait que ce qu'il faut faire, rien de plus…
20	
FLORENCE :	Et surtout, elle est vachement égoïste.
MARC :	Moi, je vais lui dire ce que je pense d'elle, je vous assure !
25 **FLORENCE :**	Non, ne lui dis rien, Marc ! J'aimerais voir sa réaction lorsqu'elle te verra avec Nadine.
MARC :	Ah oui !

Ils rient tous les trois.

---

2 **défendre** verteidigen – 3 **intervenir en faveur de qn** sich für jdn einsetzen, für jdn ein gutes Wort einlegen – 7 **justement** genau, eben – 7 **poursuivre qn** jdn verfolgen – 7 **un criminel** Verbrecher – 8 **une victime** Opfer – 8 **Je t'assure.** Du kannst sicher sein. – 11 **blaguer** *fam* scherzen, Witze machen – 16 **moche** *fam* mies – 21 **vachement** verdammt

Acte III

Scène 1 : Chez les Morin

Mme Morin est en train de mettre le couvert pour le dîner.

5   **MME MORIN :** On commence à dîner ?

M. MORIN : Oui, j'ai faim.

MME MORIN : Je me demande pourquoi elles sont en retard aujourd'hui. Elles auraient pu téléphoner quand même.

10   **M. MORIN :** Ne t'inquiète donc pas !

MME MORIN : Tu sais, quelquefois, je me demande si nous connaissons vraiment nos filles. Il y a tant de parents qui tombent des nues quand ils apprennent que leurs

15   enfants se droguent.

M. MORIN : *(énervé)* Tu penses que Florence et Isabelle se droguent ?

MME MORIN : Non, je ne le crois pas vraiment. Mais aujourd'hui, on est tellement

20   inquiété par les médias. J'ai lu qu'actuellement, 400 000 jeunes se droguent en France…

M. MORIN : Eh bien, nos filles ne sont pas parmi ces 400 000 drogués.

25   **MME MORIN :** Pourquoi en es-tu si sûr ?

M. MORIN : Parce que la plupart des jeunes drogués ont des problèmes dans leurs familles, et chez nous, il n'y a pas de problèmes…

---

10 **s'inquiéter** sich beunruhigen, sich Sorgen machen – 13 **tomber des nues** aus allen Wolken fallen – 16 **énervé, énervée** nervös, gereizt – 20 **les médias** *mpl* [media] Medien – 21 **actuellement** zur Zeit

MME MORIN : Je n'en suis pas si sûre, moi. Tu dois reconnaître que tu t'occupes très peu de tes filles, toi.

M. Morin s'emporte.

5 **M. MORIN :** Écoute, Françoise…

Florence et Isabelle entrent.

**FLORENCE
ET ISABELLE :** Salut !

Elles embrassent leurs parents.

10 **MME MORIN :** Mais dites donc ! Pourquoi est-ce que vous rentrez si tard aujourd'hui ?

FLORENCE : On a eu une réunion de délégués d'élèves très importante.

M. MORIN : Ah bon ! De quoi s'agissait-il ?

15 **FLORENCE :** Papa, tu vas être très content d'apprendre que nous allons t'aider à pincer le grand patron de la drogue, M. Raymond

M. MORIN : *(très étonné)* Tu veux rire ! Qu'est-ce
20 que c'est, que cette histoire ?

FLORENCE : Non, c'est sérieux. Mais avant, il faut nous promettre quelque chose, papa.

M. MORIN : Quoi ?

25 **FLORENCE :** Il faut nous promettre de ne rien dire au directeur.

M. MORIN : Eh bien, dis donc !

---

12 **une réunion** eine Versammlung – 12 **un délégué d'élèves** Schülervertreter – 14 **il s'agit de…** es geht um… – 17 **pincer** *fam* festnehmen – 19 **étonné, étonnée** erstaunt

FLORENCE :	C'est promis ?
M. MORIN :	Mais d'abord, il faut me dire de quoi il s'agit.
FLORENCE :	D'abord, tu promets, autrement je ne dis rien.
M. MORIN :	*(très impatient)* Bon, je vous le promets !
FLORENCE :	Merci, papa ! Écoute, Nadine se drogue et c'est Nicolas qui lui a vendu de la drogue, mais il a tout avoué et il est prêt à témoigner contre les trafiquants. Il sait que M. Raymond est le patron des « dealers » de notre ville.
M. MORIN :	*(ébahi)* Et bien, c'est du propre ! Mais dis donc, est-ce que ton copain Nicolas a des preuves contre M. Raymond ?
FLORENCE :	Oui, un « dealer », un certain Léon, a mentionné le nom de M. Raymond par hasard…
M. MORIN :	Ah, si c'était une preuve de mentionner un nom quelconque, on aurait déjà arrêté la plupart des trafiquants.
FLORENCE :	*(déçue)* Alors, on ne peut rien faire contre ce M. Raymond ?
M. MORIN :	Je ne crois pas. Mais en tout cas, on peut pincer le trafiquant qui a fourni de la drogue à ce petit salaud, ton copain Nicolas.

Florence s'emporte.

---

6 **impatient, impatiente** ungeduldig – 10 **avouer** (ein)gestehen/zugeben – 15 **ébahi, ébahie** verdutzt, verblüfft – 15 **C'est du propre !** *fam* Das ist ein Ding! – 20 **mentionner** erwähnen – 23 **quelconque** irgendein(e) – 25 **déçu, déçue** enttäuscht – 28 **fournir** liefern

FLORENCE :	Nicolas n'est pas un salaud, papa !
ISABELLE :	*(dédaigneuse)* Si, c'est un pauvre type ! Tu défends Nicolas parce que tu es à genoux devant lui...
5 **FLORENCE :**	*(furieuse)* Tais-toi ! Tu n'as pas le droit de porter un jugement sur Nicolas parce que toi, tu n'as même pas voulu aider Nadine. Tu voulais prévenir le directeur, moucharde !
10 **ISABELLE :**	Oui, imbécile ! C'est ce qu'il fallait faire.
MME MORIN :	Mais tu t'imagines, Isabelle, ce qui arriverait à Nadine et à Nicolas s'ils étaient renvoyés du collège ?
15 **FLORENCE :**	Tu sais bien que leurs parents ont divorcé et ne s'occupent pas d'eux.
ISABELLE :	C'est à eux de se débrouiller. Laisse-moi tranquille, je ne discute plus avec vous.

20 *Isabelle sort.*

MME MORIN :	Ah, qu'est-ce qu'elle a, cette fille ? Je vais lui parler.

Mme Morin sort aussi.

M. MORIN :	Quelle histoire ! Mais écoute, Florence, si Nicolas témoigne contre son trafiquant, il sera fiché par la police, et il faudra en informer le directeur.
25 | |

---

2 **dédaigneux, dédaigneuse** verächtlich, geringschätzig – 4 **être à genoux devant qn** vor jdm auf den Knien liegen – 6 **porter un jugement sur qn** über jdn ein Urteil fällen – 9 **une moucharde** eine Petze – 18 **Laissez-moi tranquille !** Laßt mich in Ruhe! – 26 **ficher** *ici:* erkennungsdienstlich erfassen

FLORENCE :   Ça alors, je n'y ai pas pensé. Alors, que faire ?

M. Morin réfléchit.

M. MORIN :   Dis-moi, qui est au courant de cette
5   affaire au collège ?
FLORENCE :   Eh bien, il y a moi, Isabelle et Marc.
M. MORIN :   C'est tout ? Tout à l'heure, tu as parlé d'une réunion des délégués d'élèves…
10 FLORENCE : C'était pour nous excuser de rentrer si tard.
M. MORIN :   Bon alors, écoute, si Nicolas témoigne contre son « dealer » et si ce type-là nous raconte quelque chose sur son
15   patron, Nicolas va être en danger. Mais au collège, il sera quand même en sécurité.
FLORENCE :   Oui, c'est vrai.
M. MORIN :   Je vais demander au directeur de
20   garder Nicolas au collège en tout cas. De toute façon, il faut traiter cette affaire avec la plus grande discrétion. Vous n'en parlerez à personne, toi et Isabelle !
25 FLORENCE : D'accord ! Tu es vraiment chouette, papa !

Florence embrasse son père.

M. MORIN :   *(amusé)* Oh, pas de quoi, mademoiselle !

---

17 **la sécurité** Sicherheit – 21 **traiter** behandeln – 25 **chouette** *fam* toll, klasse, spitze – 28 **Pas de quoi !** Keine Ursache!

Scène 2 : Dans la cour du collège

Au fond, on entend les bruits de la récréation.
Sur scène, Florence et Nicolas, Nadine et Marc se
promènent deux par deux. Ils parlent et feuillettent
5 *leurs cahiers.*

Marc est en train d'expliquer un exercice de
mathématiques à Nadine.

MARC :	Tu vois, a au carré plus b au carré égale c au carré.
10 **NADINE :**	Oh, j'en ai vraiment marre de ces carrés !
MARC :	Ce n'est pas difficile. Je vais te l'expliquer : a, c'est moi, et b, c'est toi. Alors, la somme de nous deux au
15	carré, qu'est-ce que ça donne ?

Ils rient et s'éloignent. On les voit se parler, mais on
ne les entend plus.

NICOLAS :	*(à Florence)* C'était vraiment une connerie de vouloir mettre tout ça sur
20	le dos des maghrébins pour pouvoir m'en laver les mains.
FLORENCE :	Puisque tu le regrettes, je ne t'en veux plus.
NICOLAS :	*(l'air sombre)* J'aimerais parler à
25	Djawed ! Mais est-ce que je peux lui dire la vérité ?
FLORENCE :	Ne t'inquiète pas, Nicolas ! Mon père a dit que tu seras en sûreté au collège

---

8 **le carré** Quadrat – 9 **égaler** gleich sein – 14 **la somme** Summe – 20 **mettre qc sur le dos de qn** jdm etw in die Schuhe schieben – 21 **se laver les mains de qc** seine Hände in Unschuld waschen – 22 **en vouloir à qn** jdm böse sein – 28 **la sûreté** Sicherheit

	quand tu auras témoigné contre ton trafiquant.
NICOLAS :	Je n'en suis pas si sûr, moi. Ils arrivent à dépister leurs victimes partout, tu sais.
FLORENCE :	Mais ici, tu n'es jamais seul. Moi, en tout cas, je serai toujours près de toi.
NICOLAS :	Merci, Florence !

Il met sa main sur l'épaule de Florence.

NICOLAS :	Mais qu'est-ce que je vais faire pendant le week-end ?
FLORENCE :	Tu viendras chez nous.
NICOLAS :	C'est vrai ?
FLORENCE :	Oui, je suis sûre que mes parents vont être d'accord si c'est pour te protéger.

Florence voit arriver Isabelle qui fait semblant de lire.

FLORENCE :	Isabelle, regarde Nadine et Marc ! Ils s'entendent bien, hein !

Isabelle jette un coup d'œil dédaigneux à Marc qui est en train de chuchoter quelque chose à l'oreille de Nadine. On les entend rire.

ISABELLE :	*(très froissée)* Si tu savais comme je m'en fous !

---

4 **dépister** aufspüren – 17 **faire semblant de faire qc** so tun als ob jdn etw tut – 21 **jeter un coup d'œil** einen Blick werfen – 24 **froissé, froissée** gekränkt, beleidigt

Florence rit et s'en va avec Nicolas. Pascal arrive.

ISABELLE : Dis donc, Pascal, tu pourrais m'expliquer un truc en maths que je n'ai pas compris ?

5 PASCAL : Oh, tu sais, je n'ai rien pigé en maths, moi non plus. Mais Marc est là, il va pouvoir t'expliquer le devoir.

ISABELLE : *(ironique)* Marc est très occupé en ce moment. Regarde !

10 *Pascal est surpris de voir que Nadine et Marc parlent ensemble.*

PASCAL : Ah oui ! Alors, Marc a changé d'avis. Qu'est-ce qui s'est passé ?

Isabelle fait la moue.

15 ISABELLE : Je n'en sais rien, moi. Aucune idée…

---

14 **faire la moue** schmollen

Scène 3 : Quelque part près du collège, dans un parc

Marc et Nadine sont assis sur un banc.

MARC :	Tu ne vas jamais voir tes parents, Nadine ?
NADINE :	Mais non ! Tu sais bien qu'ils ont divorcé, ils vivent chacun de leur côté.
MARC :	Oui, je sais. Mais quand même, tu pourrais aller les voir ! Pourquoi est-ce qu'ils ont divorcé, tes parents ?
NADINE :	*(de mauvaise humeur)* Pourquoi, pourquoi ! Pourquoi est-ce qu'on divorce aujourd'hui ? Est-ce que je sais, moi ! Parce qu'on se tape sur le système, pour des questions d'argent ! Mon père avait des dettes et ils se disputaient tout le temps à cause de ça.
MARC :	Je ne peux pas m'imaginer que mes parents divorcent pour des questions d'argent.
NADINE :	Je m'en fiche, moi, à condition qu'ils m'envoient assez d'argent de poche.
MARC :	L'argent ne compte pas quand on est avec des gens qu'on aime bien...

Marc veut embrasser Nadine, mais elle le repousse.

NADINE :	Laisse-moi !

---

1 **quelque part** irgendwo – 3 **un banc** Bank – 7 **Ils vivent chacun de leur côté.** Sie leben jeder für sich. – 17 **avoir des dettes** fpl Schulden haben – 23 **à condition que** unter der Bedingung, dass

MARC :	Qu'est-ce que tu as ? Qu'est-ce qui te prend ?

Nadine tremble.

NADINE :	Je ne me sens pas bien.
5 **MARC :**	Tu es malade ?
NADINE :	Je me sens mal, c'est affreux…
MARC :	Mais pourquoi ? Je ne comprends pas…

Nadine crie.

10 **NADINE :**	C'est parce que je n'ai plus de neige ! Je suis en manque !
MARC :	Quoi ! Qu'est-ce qui t'arrive ?
NADINE :	Nicolas ne m'en donne plus, mais il m'en faut absolument. J'en suis
15	malade… Je n'en peux plus !

Nadine pleure.

MARC :	Mais écoute, il faut que tu arrêtes…

Nadine se lève brusquement.

NADINE :	Tais-toi donc, pauvre idiot ! Tu ne
20	peux pas m'aider !

Nadine se sauve. Marc se lève aussi pour la suivre et crie :

MARC :	Nadine !… Attends-moi !

---

3 **trembler** zittern – 6 **affreux, affreuse** schrecklich, furchtbar – 10 **la neige** *fam* Schnee, harte Droge – 11 **être en manque** unter Entzugserscheinungen leiden

Scène 4 : Dans la cour du collège

C'est le lendemain matin. Au fond, les bruits de la récréation. Sur la scène, Isabelle et Marc se rencontrent.

5 ISABELLE : *(moqueuse)* Où donc est ta petite amie, Marc ?

MARC : *(de mauvaise humeur)* Je n'en sais rien, moi.

ISABELLE : *(ironique)* Oh, j'imagine que c'est
10 affreux d'être en manque comme elle.

MARC : *(furieux)* Tais-toi ! Tu n'y comprends rien…

Florence et Nicolas arrivent.

15 FLORENCE : *(très excitée)* Je viens de chercher Nadine dans sa chambre. Elle n'y est pas.

NICOLAS : Où est-ce qu'elle est puisqu'elle n'est pas allée en classe ?

20 FLORENCE : Marc, quand est-ce que tu l'as vue pour la dernière fois ?

MARC : Hier soir. Elle était vraiment très mal. Elle m'a dit qu'elle ne pouvait plus se passer de drogue. Et puis, elle s'est
25 sauvée. Je ne savais pas quoi faire, je n'ai pas pu la retenir…

NICOLAS : Peut-être qu'elle est allée en ville pour se procurer de la drogue.

---

5 **moqueur, moqueuse** spöttisch, höhnisch – 15 **excité, excitée** aufgeregt – 24 **se passer de qc** auf etw verzichten, etw entbehren – 26 **retenir qn** jdn zurückhalten – 28 **se procurer qc** sich etw verschaffen

FLORENCE :	Alors, qu'est-ce qu'on peut bien faire ?
MARC :	Je vais aller la chercher. Nicolas, je viens avec toi.
5 **FLORENCE :**	Mais non ! C'est trop dangereux pour toi !
NICOLAS :	Ne t'inquiète pas, Florence !
ISABELLE :	Mais qu'est-ce qu'on va dire aux profs ?
10 **MARC :**	Oh, vous leur dites n'importe quoi !

Marc et Nicolas s'en vont.

FLORENCE :	Tant pis ! Ce n'est pas la première fois qu'ils sèchent les cours !

---

12 **Tant pis** ! Macht nichts! Was soll's! – 13 **sécher les cours** *fam* den Unterricht schwänzen

Acte IV

Scène 1 :   Au commissariat de police

M. Morin est en train d'interroger Léon, le « dealer »
que Nicolas connaît.

5 **LÉON :**   Je ne dis plus rien !
   M. MORIN :   Ça n'arrangera pas tes affaires, mon
                    vieux car j'ai un témoin.
   LÉON :   Je m'en fous !
   M. MORIN :   Je te ferai parler, tu verras !

10 *Un agent entre.*

   L'AGENT :   Excusez-moi, chef !…

M. Morin rabroue l'agent.

   M. MORIN :   Je vous ai dit de ne pas me déranger !
   L'AGENT :   Oui, chef, mais il y a deux garçons qui
15   veulent absolument vous parler. Ils
                  disent que c'est très urgent…
   M. MORIN :   Comment s'appellent-ils ?
   L'AGENT :   Nicolas et Marc.

M. Morin hésite. Léon se détourne.

20 **M. MORIN :**   D'accord ! Faites-les entrer !

Nicolas et Marc entrent.

   MARC :   *(très excité)* Monsieur…

---

3 **interroger qn** jdn ausfragen, verhören – 6 **Ça n'arrangera pas tes affaires.** Das wird dir nichts nützen. – 7 **un témoin** Zeuge – 12 **rabrouer** anschnauzen – 13 **déranger qn** jdn stören – 16 **urgent, urgente** dringend – 19 **hésiter** zögern – 19 **se détourner** sich abwenden

Nicolas est très surpris de voir Léon qui fait semblant de ne pas le connaître.

Nicolas :	Ah, bonjour, Léon !
Léon :	Je ne le connais pas, celui-là…
5 **Nicolas :**	Mais si, il me connaît très bien.

Léon se précipite sur Nicolas.

Léon :	Tu es un sacré menteur !
Nicolas :	C'est toi qui mens !

M. Morin saisit Léon et le repousse sur sa chaise.

10 **M. Morin :**	Calme-toi, mon gaillard ! On verra ça plus tard. *(à Nicolas et Marc)* Alors, qu'est-ce que vous faites ici, vous deux ?
Marc :	Nadine est partie du collège… Elle a
15	disparu…
Nicolas :	Nous pensons qu'elle veut trouver de la drogue quelque part parce que moi, je ne lui en donne plus…
M. Morin :	Depuis quand est-ce qu'elle a disparu ?
20 **Marc :**	Depuis hier soir.
M. Morin :	Pourquoi ne m'avez-vous pas prévenu tout de suite ?
Marc :	On ne s'en est aperçu que ce matin. D'abord, on a voulu chercher
25	Nadine… Mais en cours de route, on a réfléchi et on est venu directement chez vous.

---

7 **un sacré menteur** *fam* ein verdammter Lügner – 8 **mentir** lügen – 9 **saisir qn** jdn ergreifen, packen – 10 **mon gaillard** *fam* mein Lieber – 23 **s'apercevoir de qc** etw bemerken

M. Morin : Vous vous rendez compte du temps que vous me faites perdre ? Vous êtes de fameux détectives !

Marc et Nicolas sont consternés. M. Morin ouvre la
5 *porte et appelle l'agent.*

M. Morin : Gaston ! Il faut tout de suite rechercher une jeune toxicomane ! Les deux garçons vont vous accompagner. Ils la connaissent bien.

10 **La voix de**
l'agent : *D'accord, chef !*

Marc et Nicolas sortent. M. Morin s'adresse à Léon.

M. Morin : Et nous allons poursuivre notre petite conversation... À nous deux !
15 **Léon :** J'ai plus rien à vous dire, hein ! C'est tout ce que j'ai à dire !

M. Lambert, le directeur du collège, entre.

M. Lambert : Bonjour, monsieur l'inspecteur !
M. Morin : Vous ne pouvez pas entrer ici comme
20 ça, monsieur ! Je suis en train d'interroger...
M. Lambert : Excusez-moi, monsieur ! Mais il faut absolument que je vous parle tout de suite. Il s'agit d'une élève de mon
25 établissement...Tout à l'heure, j'ai été surpris de voir deux élèves de

---

3 **fameux, fameuse** *ici: iron* famos, großartig – 13 **poursuivre** *ici:* fortsetzen

	mon collège qui sortaient d'ici avec un agent…
M. MORIN :	Ah, vous êtes M. Lambert, le directeur ! Asseyez-vous, monsieur !
5 **M. LAMBERT :**	Merci, monsieur.

M. Lambert s'assoit.

M. LAMBERT :	Je vous avais déjà téléphoné au sujet de cette histoire de drogue. Eh bien, je viens d'apprendre que l'élève concernée a fait une fugue et je me suis dépêché de venir vous voir pour vous donner tous les renseignements utiles.
M. MORIN :	C'est très bien, monsieur. Un agent est déjà en route pour rechercher la jeune fille. Il est accompagné de deux camarades de classe qui vont pouvoir l'identifier.
M. LAMBERT :	Dans ce cas, il ne nous reste qu'à attendre le résultat des recherches.
M. MORIN :	Oui, il n'y a rien d'autre à faire…
M. LAMBERT :	Quelle histoire, monsieur l'inspecteur ! C'est une catastrophe pour mon collège !
25 **M. MORIN :**	Espérons surtout que cela ne sera pas une catastrophe pour la jeune fille !
M. LAMBERT :	Oui. Qu'est-ce qu'elle va devenir, cette fille ?
M. MORIN :	Elle devra faire une cure de désintoxication. Mais les chances de réussite sont minimes.

---

10 **concerner** betreffen, angehen – 10 **faire une fugue** weglaufen, ausreißen – 13 **utile** *ici:* zweckdienlich – 18 **identifier** erkennen, identifizieren – 30 **une cure de désintoxication** [dezɛ̃tɔksikasjɔ̃] Entziehungskur – 31 **la réussite** Erfolg – 31 **minime** gering

Léon :	*(sur un ton provocateur)* Je peux m'en aller, maintenant ?
M. Morin :	Toi, tu restes ici !
Léon :	Mais pourquoi ?
5 **M. Morin :**	Parce que tout ce qu'on vient de dire et tout ce qu'on va dire te concerne, tu comprends ! *(à M. Lambert)* C'est lui, le trafiquant... Il revend de la drogue aux
10	jeunes dans les cafés...

Léon s'emporte.

Léon :	Ce n'est pas vrai...
M. Morin :	Tais-toi !

Le téléphone sonne. M. Morin décroche et écoute.

15 **M. Morin :**	... Allô... Oui, c'est moi... Mon dieu, qu'est-ce que vous dites ?... Où est-ce qu'on l'a trouvée ?... Oui... C'est affreux !

M. Morin raccroche. Son visage est devenu très pâle.
20 *Il parle très lentement.*

M. Morin :	On l'a trouvée morte d'une overdose dans l'appartement de son père...
M. Lambert :	C'est épouvantable !
M. Morin :	Oui. Son père est arrivé et s'est
25	effondré sur le corps de sa fille. Peut-être qu'elle lui a téléphoné avant de mourir.

---

1 **provocateur, provocateuse** herausfordernd, provozierend – 14 **décrocher** (den Hörer) abnehmen – 19 **pâle** blaß, bleich – 20 **lent, lente** langsam – 21 **une overdose** [ɔvœrdoz] Überdosis – 23 **épouvantable** entsetzlich, grauenhaft, furchtbar – 25 **s'effondrer** einstürzen, zusammenbrechen

M. Morin se précipite sur Léon et le secoue.

M. MORIN :   Tu vois, c'est ta faute, espèce de
            salaud !

LÉON :   Non ! Vous ne pouvez pas rejeter la
5   faute sur moi !

M. MORIN :   Parle, je te le conseille ou tu passeras
            le reste de ta vie en taule ! Pour qui
            est-ce que tu travailles ? C'est pour
            M. Raymond ?

10 **LÉON :**   Oui, mais c'est pas lui le grand
            patron !

M. MORIN :   Alors, qui est-ce ? Parle, je te dis !

LÉON :   On ne connaît que son surnom : le
            « caméléon »…

15 **M. MORIN :**   Le caméléon ?

LÉON :   Oui, c'est comme ça qu'on l'appelle,
            parce qu'il change toujours d'aspect.

L'agent entre avec Marc, Nicolas et M. Duval.

M. DUVAL :   *(très sombre)* Je suis le père de Nadine,
20   elle m'a téléphoné, mais c'était trop
            tard…

M. MORIN :   Je suis désolé, monsieur…

M. Duval interrompt M. Morin.

M. DUVAL :   Monsieur l'inspecteur, c'est moi le
25   responsable du trafic d'héroïne, le
            caméléon, c'est moi… Ma fille est
            morte par ma faute…

---

1 **secouer** schütteln – 2 **espèce de…** *fam* verdammter … – 4 **rejeter la faute sur qn** jdm
die Schuld zuschieben – 6 **conseiller qc à qn** jdm etw raten – 7 **la taule** *fam* Knast – 22 **je
suis désolé** es tut mir leid – 25 **responsable** verantwortlich, schuld

M. Morin, M. Lambert et Léon demeurent interdits.

NICOLAS :	C'est lui qui dirige le trafic de drogue ?
MARC :	*(ébahi)* Et, c'est le père de Nadine… Lui-même…
M. MORIN :	… qui est responsable de la mort de sa fille !

5

---

1 **demeurer interdit** sprachlos sein – 2 **diriger** leiten

Scène 2 : Chez les Morin

M. et Mme Morin, Florence, Isabelle, Marc et Nicolas
sont assis dans la salle de séjour. Personne ne parle.
Tout à coup, Nicolas se lève et sort.

5 **FLORENCE :** Nicolas ! Où est-ce que tu vas ? Reste
là !

ISABELLE : Qu'est-ce qu'il a ?

MME MORIN : Mets-toi à sa place ! Il se sent coupable
de la mort de Nadine, il ne supporte
10 pas cette idée…

MARC : Mais ce n'est pas lui le seul
coupable !

M. MORIN : Il n'est pas le principal responsable,
mais il s'est quand même rendu
15 coupable parce qu'il a revendu de la
drogue à Nadine.

ISABELLE : Alors, qu'est-ce qui va se passer ? Est-
ce que Nicolas va passer en justice ?

M. MORIN : Il a l'âge de la responsabilité pénale.
20 Alors, le tribunal de mineurs va être
bien obligé de s'occuper de son
cas…

MARC : Quelle catastrophe !

FLORENCE : Mais écoute, papa ! Nicolas regrette
25 ce qu'il a fait, et il t'a quand même
aidé à découvrir les responsables du
trafic de drogue dans notre région.

M. MORIN : Bien sûr ! Je vais certainement
intervenir en sa faveur.

---

8 **coupable** schuldig, strafbar – 14 **se rendre coupable** sich schuldig/strafbar machen –
18 **passer en justice** vor Gericht kommen – 19 **la responsabilité pénale** Strafmündigkeit –
20 **le tribunal de mineurs** Jugendgericht

Mme Morin :	Oui, Jean-Paul, je t'en prie ! Surtout, il faut tenir compte du fait qu'il a été délaissé par ses parents… Il était livré à lui-même, il se sentait seul… Il n'avait personne à qui parler…
M. Morin :	Le divorce de ses parents explique bien des choses, mais ça ne justifie pas qu'il revende de la drogue. De toute façon, la vente de drogue est un délit très grave. Nous venons de voir à quoi tout cela peut mener.
Marc :	Je crois que pour Nicolas, sa mauvaise conscience sera la pire des punitions. Je ne voudrais pas être à sa place !

Nicolas rentre. Il est très gêné. Il s'adresse à M. et Mme Morin.

Nicolas :	Je vous remercie de vous montrer si gentils avec moi.
Mme Morin :	Nous savons ce qui se passe, Nicolas.
M. Morin :	Viens, Nicolas ! Tu n'es pas un criminel. Les vrais criminels, je les connais, je t'assure !
Florence :	Nicolas ! On ne te laisse pas tomber !
Isabelle :	*(ironique)* Surtout pas Florence !
Marc :	Allons, Isabelle, ne te moque pas ! Ce n'est pas le moment !

FIN

2 **tenir compte de qc** etw berücksichtigen, bedenken – 3 **délaisser qn** jdn verlassen, im Stich lassen – 4 **être livré à qn/qc** jdm/etw ausgeliefert, überlassen sein – 7 **justifier qc** etw rechtfertigen – 9 **la vente** Verkauf – 10 **un délit** Vergehen, Delikt – 13 **la conscience** [kõsjãs] Gewissen – 13 **le/la pire** der/die/das schlimmste – 13 **une punition** Strafe

Questions de compréhension

Acte I, Scène 1

1. Qu'est-ce qu'on apprend, dans ce premier dialogue, sur les relations entre Isabelle et Marc, Nadine et Marc, Florence et Nicolas ?
2. Qu'est-ce qui préoccupe M. Morin et pourquoi ?
3. Pourquoi est-ce qu'Isabelle pense que Nadine se drogue ?
4. Quel est le conseil que M. Morin donne à ses filles ?

Acte I, Scène 2

1. Décrivez le comportement de Nadine dans cette scène.
2. Qu'est-ce qu'Isabelle apprend à Marc au sujet de Nadine ?
3. Qu'est-ce que Marc et Isabelle veulent faire pour aider Nadine ?
4. Marc dit à Isabelle : « Tu es vraiment cool, toi ! » Qu'est-ce qu'il veut dire par là ?

Acte I, Scène 3

1. Pourquoi est-ce que Nicolas ne veut pas croire que Nadine se drogue ?
2. Pourquoi est-ce qu'il veut parler à Nadine ?

Acte I, Scène 4

1. Nadine pense à une personne qu'elle appelle « sale type » et « salaud »: Qui est-ce ?
2. Pourquoi est-ce que Florence et Marc viennent voir Nadine ?

3. Comment est-ce que Nadine se conduit avec eux ?

Acte I, Scène 5

1. Pourquoi est-ce que Marc et Florence croient que Nadine ne leur a pas dit la vérité ?
2. Pourquoi est-ce que Nicolas soupçonne Djawed de vendre de la drogue à Nadine ?
3. Qu'est-ce que Marc propose de faire ? Quelle est son intention ?
4. Pourquoi est-ce que Nicolas demande aux autres de ne pas parler de Nadine au prof des sciences nat ?

Acte II, Scène 1

1. Pourquoi est-ce que Florence ne veut pas que sa sœur parle de Nadine à leurs parents ?
2. Pourquoi est-ce que, d'après M. Morin, la police n'arrive pas à arrêter les trafiquants ?
3. Qu'est-ce que la police sait et qu'est-ce qu'elle suppose au sujet de M. Raymond ?

Acte II, Scène 2

1. Pourquoi est-ce que M. Rioux s'exprime de façon sarcastique au sujet de Nadine qui est absente au cours de sciences naturelles ?
2. Dans son cours, M. Rioux parle avec ses élèves des problèmes sociaux et psychologiques qui mènent à l'usage de la drogue :
   a) Quels sont les problèmes nommés par les élèves ?
   b) Donnez votre avis sur ces problèmes. Est-ce qu'il y a, d'après vous, d'autres explications au phénomène de la drogue ?

3. Nicolas soupçonne les maghrébins d'être des trafiquants de drogue : qu'est-ce que vous en pensez ?

Acte II, Scène 3
1. Comment est-ce que Marc et Isabelle réagissent à la lettre de menaces ?
2. Isabelle propose de montrer cette lettre au directeur : est-ce qu'elle a raison, à votre avis ?
3. Résumez la dispute entre Nicolas et Florence au sujet de Djawed. Donnez votre opinion.

Acte II, Scène 4
1. Racontez le rêve de Marc et interprétez-le.
2. Racontez et essayez d'interpréter des rêves que vous avez eus et dont vous vous rappelez bien.

Acte II, Scène 5
1. Comment est-ce que Marc découvre que Nicolas vend de la drogue à Nadine ?
2. Comment est-ce que Nicolas en est-il venu à vendre de la drogue ?
3. Pourquoi est-ce qu'il a noté le nom de M. Raymond dans son agenda ?
4. Nicolas décide de témoigner contre le trafiquant. Comment auriez-vous agi à sa place ?

Acte II, Scène 6
1. Comment est-ce que Nadine réagit lorsqu'elle apprend que Nicolas a tout raconté à Marc ?
2. Comment est-ce que Marc et Florence réussissent à calmer Nadine ?
3. Qu'est-ce que Marc, Florence et Nadine pensent d'Isabelle ? Est-ce qu'ils ont raison, à votre avis ?

Acte III, Scène 1

1. Pourquoi est-ce que Mme Morin s'inquiète au sujet de ses filles ?
2. Qu'est-ce que Florence raconte à son père ?
   a) À quelle condition est-ce que Florence va raconter l'histoire de Nicolas et de Nadine à son père ?
   b) Pourquoi est-ce que M. Morin ne peut pas remplir cette condition ?
   c) Pourquoi est-ce que Florence est déçue ?
3. Qu'est-ce que M. Morin veut entreprendre dans cette affaire et qu'est-ce qu'il demande à ses filles ?
4. À la fin de ce dialogue, Florence est très contente de son père, mais très fâchée avec sa sœur : pourquoi ?

Acte III, Scène 2

1. Pourquoi est-ce que Nicolas aimerait parler à Djawed et pourquoi est-ce qu'il a peur de lui dire la vérité ?
2. Comment est-ce que Florence se moque de sa sœur et comment Isabelle réagit-elle ?

Acte III, Scène 3

1. Qu'est-ce que Nadine raconte à Marc au sujet du divorce de ses parents ?
2. Pourquoi est-ce que Nadine se sent mal et pourquoi Marc ne peut-il pas l'aider ?

Acte III, Scène 4

1. Pourquoi est-ce que Florence est excitée ?
2. Qu'est-ce que Nicolas suppose au sujet de la disparition de Nadine ?
3. Qu'est-ce que Marc et Nicolas décident de faire ?

Acte IV, Scène 1

1. Décrivez le comportement de Léon pendant l'interrogatoire de M. Morin et au moment de l'arrivée de Marc et de Nicolas. Qu'est-ce que vous pensez de ce comportement ?
2. Marc et Nicolas sont venus chercher Nadine. Pourquoi est-ce qu'ils viennent directement chez M. Morin ?
3. Pourquoi est-ce que M. Lambert vient voir l'inspecteur ?
4. Comment est-ce que vous jugez la phrase de M. Lambert : « C'est une catastrophe pour mon collège. » ?
5. Pourquoi est-ce que M. Morin juge minimes les chances de réussite d'une cure de désintoxication pour Nadine ?
6. Comment est-ce que l'agent, Marc et Nicolas ont trouvé Nadine ? Imaginez la situation.
7. Nadine a téléphoné à son père avant de mourir. Imaginez ce qu'elle lui a dit.
8. Pourquoi est-ce que Léon est enfin prêt à parler ?
9. Pourquoi est-ce que Léon ne connaît que le surnom du grand patron : le « caméléon » ?
10. Pourquoi est-ce qu'on a donné ce surnom au grand patron ?
11. Pourquoi est-ce que M. Duval se livre à la justice ?

Acte IV Scène 2

1. Dans quelle mesure Nicolas est-il coupable ?
2. Est-ce que Nicolas devra passer en justice ? Pourquoi ?
   a) Imaginez le jugement du tribunal de mineurs.
   b) Comment est-ce que Nicolas devrait être puni, à votre avis ?
3. M. Morin est prêt à intervenir en faveur de Nicolas. Pourquoi ?
4. M. Morin dit que la vente de drogue est un délit très grave. Donnez votre avis.

Liste des abréviations

≠	antonyme de
→	mot de la même famille
etw	etwas
f	féminin
fam	familier
fpl	féminin pluriel
iron	ironique
jdm	jemandem
jdn	jemanden
m	masculin
mpl	masculin pluriel
qc	quelque chose
qn	quelqu'un